Peter Turrini
C'est la vie
Ein Lebens-Lauf

Mit Fotos von **Moritz Schell**
und einem Nachwort von **Silke Hassler**

AMALTHEA

Der Abdruck der Gedichte erfolgt mit freundlicher Genehmigung des
Suhrkamp Verlages, Berlin. Alle Rechte vorbehalten.
Die Theaterrechte liegen beim Thomas Sessler Verlag, Wien.
Nachwort: © Silke Hassler

Gefördert durch das Land Niederösterreich

**KULTUR
NIEDERÖSTERREICH**

Besuchen Sie uns im Internet unter: www.amalthea.at

Inhalt

1.

Wenn man auf die Welt kommt, weiß man nicht, ob man glücklich oder unglücklich wird.

2.

Ich wurde am 26. September 1944 im Krankenhaus Wolfsberg im kärntnerischen Lavanttal geboren. Meine Mutter sagte mir später, meine Geburt hätte im Morgengrauen dieses Tages stattgefunden, um 6 Uhr früh. Im Register des Krankenhauses ist meine Geburtszeit mit 10 Uhr vormittags angegeben. Den damaligen Primarius des Spitals, den ich zu diesem Widerspruch befragen wollte, konnte ich nicht auffinden. Ich selbst bin mir ziemlich sicher, daß meine Geburt um Mitternacht stattgefunden hat. Eine Tante aus Judenburg behauptete, meine Mutter hätte ihr meine Geburt schriftlich mitgeteilt, und da sei von 1 Uhr mittags als Geburtszeit die Rede gewesen. Der Brief ist allerdings verloren gegangen. Mein Vater wiederum sagte, er sei an diesem Tage mit dem Zug von Klagenfurt nach Wolfsberg gefahren, der Zug sei unterwegs von amerikanischen Tieffliegern angegriffen worden, weshalb er, mein Vater, erst um ca. 5 Uhr nachmittags im Krankenhaus eintraf. Zu diesem Zeitpunkt sei ich höchstens zwei Stunden alt gewesen, wäre also frühestens nachmittags auf die Welt gekommen. Aus all diesen Dingen entnehme ich, daß sich nicht einmal der Anfang meines Lebens verifizieren läßt.

3.

Der Montag ist so traurig,
der Dienstag ist verweht,
der Mittwoch ist gar schaurig,
der Donnerstag vergeht.
Am Freitag rinnt der Regen bis in das Herz hinein,
ich glaub, ich laß das Leben
am besten sein.
Am Samstag muß ich sterben,
ich werde nicht vermißt,
am schönsten ist das Leben,
wenn es vorüber ist.

4.

Als Kind hatte ich eine schwere Krankheit, eine lebensgefährliche Krankheit, eine Vergiftung. Ich hatte vergiftete Milch zu trinken bekommen. Das geschah in den letzten Kriegsmonaten häufig, viele Kinder starben daran. Ich kam ins Spital und magerte immer mehr ab, sie legten mich schon in die Totenkammer. Sechs Wochen lang konnten mich meine Eltern nicht besuchen, sie waren ausgebombt und versuchten ein Quartier zu finden. Als mich meine Mutter wieder besuchte, war ich dick und fett und lachte sie an. Ich habe immer das Gefühl, daß ich damals gestorben bin und mich seitdem lächelnd erfinde.

5.

Ich will Weltmeister im Skifliegen werden, lasse diesen Plan jedoch fallen, weil er meine Ernennung zum Papst unmöglich macht. Ich sehe mich als Revolutionär an der Seite von berühmten Revolutionären, kann und will mich jedoch ideologisch nicht festlegen. Ich plane Banküberfälle, möchte mich mit Südseemädchen unter Palmen wiegen, und dann überlege ich mir, ob ich nicht ein Mönchsdasein führen sollte. Ich möchte ein Mörder sein, ein von Interpol gesuchter Killer, verspreche mir jedoch von der Rolle eines internationalen Friedensstifters eine noch größere Beachtung.

6.

Ich saß
auf der Holzstiege
vor unserem alten Haus.

Hinter mir
die Werkstätte
meines Vaters.

Vor mir
der Spielplatz
mit den Kindern.

Ich hatte die Wahl
zwischen dem Schweigen
meines Vaters
und dem Spott
der Kinder.

Ich entschloß mich
sitzen zu bleiben
und zu phantasieren.

7.

Meine Mutter erzählte uns Buben vor dem Einschlafen Geschichten, denen eines gemeinsam war: In ihnen herrschte Gerechtigkeit, wurde Aggressivität bestraft und Gutsein belobigt, gute Taten, auch wenn sie im Verborgenen blühten, bekamen ihren gerechten Lohn, und schlechte Taten, selbst der geheimste Diebstahl, wurden früher oder später entdeckt. Meine Mutter hatte die Fähigkeit, die Dramaturgie der Geschichten zu kürzen oder zu strecken, je nachdem ob wir müde waren oder munter. Die Moral der Geschichte, Strafe oder Lob, stellte sich früher oder später ein, sie kam unausbleiblich. Die Gerechtigkeit hatte etwas Selbstverständliches und gleichzeitig Überirdisches. Sie traf ein wie ein Naturgesetz, die Menschen mochten sich verhalten, wie sie wollten, es kam der Moment des Gerichts und des Einschlafens.

8.

Mein älterer Bruder
schlief auf einem Notbett
hinter einer Bretterwand.
Mein jüngerer Bruder und ich
schliefen mit den Eltern
in einem Raum.
Manchmal erwachte ich durch ein Geräusch.
Es klang wie Jammern und Reiben.
Wie Weinen und Stoßen.
Wie Keuchen und Drücken.
Es wurde immer heftiger
und erfüllte den dunklen Raum.

Es klang als würde mein Vater schlagen.
Es klang als würde meine Mutter erschlagen.
Dieser Kampf endete mit einer plötzlichen Stille.
Ich hielt den Atem an
und drückte die Hand auf meine Brust.
Das laute Pochen meines Herzens
durfte mich nicht verraten.

9.

Beim Durchsehen der alten Fotos
fällt mir auf
daß alle Abgebildeten
lächeln.

Die ganze Familie
steht vor der Baracke
in der es kein Wasser
und kein Klo gab
und lächelt.

Das liegt am Vogerl.
Im Augenblick des Fotografiertwerdens
springt ein Vogerl aus der Linse
und sagt: Nicht bewegen.
Lächeln.

10.

Was ich mir wünsche:
Daß er mich an der Hand nimmt.
Daß er mit mir zum Bauern Milch holen geht.
Daß er in der Kirche neben mir sitzt.
Daß er sich mitten unter die Bauern setzt
und auf den Tisch haut.
Daß er zum Elternsprechtag geht.
Daß er mir antwortet
wenn ich ihn etwas frage.
Daß ich einen Vater habe
den ich herzeigen kann.

Mein Vater war ein Italiener.
Er sprach wenig.
Ging nie fort.
Sperrte sich in seine Werkstätte ein
und schnitzte Barockstühle und Madonnen.
Selbst in der Heiligen Nacht
wenn alle Bauernkinder an der Hand ihrer Väter
zur Christmette gingen
blieb er in der verschlossenen Werkstatt
und arbeitete.

Was ich mir noch immer wünsche:
Daß ich ihn endlich treffe.

11.

Die Kindheit
ist ein schreckliches Reich.
Die Hände
die dich streicheln
schlagen dich.
Der Mund
der dich tröstet
brüllt dich an.
Die Arme
die dich hochheben
erdrücken dich.
Die Ohren
die dir zuhören
verstehen alles falsch.
Die Decke
die dich wärmt
gehört deinem älteren Bruder.
Die Wand
der du ein farbiges Zeichen von dir gibst
wird einmal im Jahr übermalt.
Der Satz
den du endlich sagst
ist kindisch.

Wenn du mit deinen Sätzen und Zeichen
woanders hingehen willst
dann heißt es
das geht die fremden Leute nichts an.
Wohin soll ich gehen
wenn die eigenen Leute
so fremd zu mir sind?

Ich gehe nirgendwohin.

12.

Mein erster Versuch, die Zuneigung der Dorfbuben durch das Erzählen von Geschichten zu erlangen, schlug fehl. Die Geschichte vom mutigen Knaben, der eine Katze aus dem brennenden Haus rettete, hatte wenig Sinn in einer Welt, in der es darum ging, einer Katze einen benzindurchtränkten Fetzen an den Schwanz zu binden und ihn anzuzünden. Mut gab es, aber man konnte nicht von ihm erzählen, man mußte ihn beweisen. Der Heuwagen stand vor der Tenne, ich stand oben am Giebel, die Kinder schauten erwartungsvoll zu mir hinauf. Die Geschichten meiner Mutter hatten mich verlassen, ich mußte springen.

13.

Nach dem Kriege
roch es in unserer Baracke
nach Omo und Urin.
Der Klokübel stand in der Küche
aber nur der Vater
durfte ihn benutzen.
Die Kinder
können ja hinaus in den Hof gehen.
Sie müssen sogar in den Hof gehen
wenn der Vater auf den Kübel gehen muß.

14.

In der Volksschule änderte sich die Situation. Der Umgang mit der Sprache, die Bildung, bekam einen Wert, weil sie vom Lehrer gefordert wurde. Ich half meinen Mitschülern, variierte das Aufsatzthema »Mein schönstes Ferienerlebnis« immer wieder, sagte ein, wenn ein Mitschüler auf die Frage des Lehrers keine Antwort wußte. Ich tat dies mit der Bösartigkeit des Vorzugsschülers, der so laut einsagt, daß der Lehrer wohl merkt, wer hier eigentlich der Wissende ist. Es war eine hilflose Rache, die mir wenig einbrachte. Die Klassenkollegen brauchten mich, aber sie verachteten mich, den Besserwisser.

Am Anfang jedes Schrei
über den Abgrund des
kommen. Es ist mehr al
dieser hätte ja immer
mein Abgrund hin geger
und gänzlich unbegre

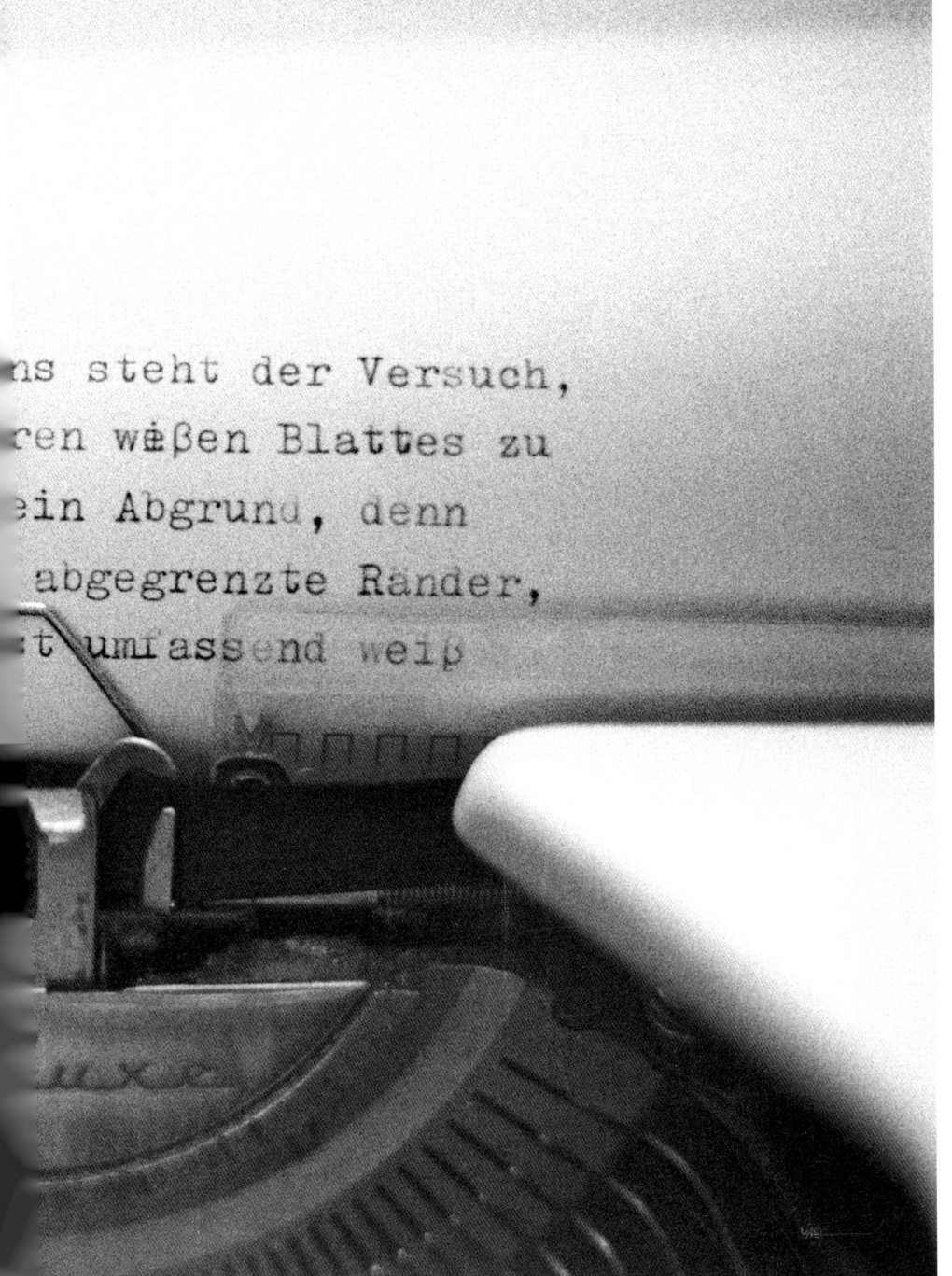

ns steht der Versuch,
ren weßen Blattes zu
ein Abgrund, denn
abgegrenzte Ränder,
t umfassend weiß

15.

Unser Nachbar
Herr Hudelitz
erschoß sich
mit einem
Schlachtschußapparat.

Der Gemeindesekretär
Herr Fischer
erhängte sich
neben einem
Hitlerbild.

Auf meine Fragen
antwortete meine Mutter
ich sei noch zu klein
um das zu verstehen.

Monatelang
hatte ich Angst
daß sich meine Mutter
und mein Vater
demnächst erhängen
und erschießen
würden.

16.

In der Schule
beim Bauchaufzug
hing ich am Reck
mit angehaltenem Atem
hochrotem Gesicht
und brachte die Füße
nicht über die Stange.

Ich sah aus
wie ein Frosch
oder ein Sack Kartoffeln.
Unter dem ironischen Blick des Turnlehrers
hatte mein schwerer Körper
nichts mehr
mit mir
zu tun.

17.

In der Pubertät macht man seine ersten Erfahrungen am Liebesmarkt, und die waren für mich nicht sehr günstig. Die Dorfmädchen redeten mit mir, aber eingelassen haben sie sich mit den anderen. Das war die Geburtsstunde meines lyrischen Schaffens. Ich schrieb Liebesgedichte für Bauernmädchen, aber ich hatte nicht den Mut, ihnen diese zu geben.

18.

Ich will dich halten,
bis die Kehle einer Blume
hell von dunkel trennt.

Des Mondes Silberhauch
soll mich kühlen
und die Trauer meines Herzens
mir verwehn.
Nacht
soll aus dem Himmel tropfen
auf ein kußgewebtes Meer.
Freudentränen
will ich weinen,
wenn die Welt
im Takte lebt.

Ich will dich halten,
bis die Kehle einer Blume
hell von dunkel trennt.

19.

Mein älterer Bruder
stand in der Früh
mit einem riesigen Steifen
unter dem Pyjama auf.

Es sah aus
als wäre ein gestreiftes Zelt
über einen langen Mast
gespannt worden.

Er ging nicht aufs Klo
er wartete nicht ab
er ging schnurstracks in die Küche
und setzte sich
unter den Augen der Mutter
an den Frühstückstisch.
Obwohl ich die Aufmerksamkeit
meiner Mutter
durch Schulgeschichten auf mich lenkte
spürte ich
daß ich dem
nichts entgegenzusetzen hatte.

20.

In der Nebenbaracke
wohnte eine dicke Frau
mit der niemand redete.
Der Franzose würde bei ihr
ein- und ausgehen.

An einem Hochsommertag
stand sie an ihrem Fenster
fächelte sich Luft zu
lächelte mich an
und machte mir ein Zeichen.
Obwohl es verboten war
ging ich zu ihr.

Ich durfte mit ihr
mutterspielen
und meinen Kopf
auf ihren Busen legen.
Durch ihre halbgeöffnete Bluse
sah ich ihre Busenhügel
und den Spalt dazwischen
durch den der Schweiß rann.

Ich versuchte ihn
aufzulecken
doch sie schob mich
sanft von sich.

Die Sucht danach
ist geblieben.

21.

Ich versteckte mich am Dachboden und schrieb und schrieb: Dialoge, Gedichte, Theaterstücke. Das meiste hat meine Mutter weggeschmissen. Alle Theaterstücke spielten in Gefängnissen: Die Gefangenen hatten Körper, die völlig starr und unbeweglich waren. Diese Körper hatten Schubläden, in die man alles mögliche hineinlegen konnte. Jeder konnte diese Schubladen öffnen, etwas hineinlegen oder wieder herausnehmen, nach Belieben. Manchmal schrien die Gefangenen, dann war es wieder still.

22.

Auf der höchsten Erhebung
des Dorfes
wohnte ein Komponist
in einem großen weißen Haus.

Seiner Familie
gehörten fast alle
Wiesen und Felder
rund um das Dorf.

Die Bauern munkelten
er sei verrückt
und pervers
aber sie wagten nicht
es öffentlich zu sagen.

Er bestellte
einen himmelblauen Sarg
bei meinem Vater
besorgte uns Buben
Ministrantengewänder
und ließ sich von uns
durch das Dorf tragen.

Er betrank sich im Sarg
segnete die herbeieilenden Bauern
und vergab ihnen
ihre Sünden.

Sie grüßten und verneigten sich
fragten nach der Verlängerung
ihrer Pachtverträge
und hätten ihn am liebsten
erschlagen.

23.

Mit vierzehn Jahren habe ich den Komponisten und seine Frau kennengelernt. Ich habe ihm meine literarischen Frühwerke gezeigt, die ziemlich lächerlich waren, aber er hat sich völlig ernsthaft mit mir auseinandergesetzt. Ich verdanke diesem Menschen sehr viel. In seinem gastfreundlichen Haus lebten damals zwei Schriftsteller. Der eine war gerade mit seinen Dialektgedichten bekannt geworden, er war besonders freundlich zu mir. Der andere, der völlig mittellos und unbekannt war, sagte ständig, er würde früher oder später den Nobelpreis bekommen. Er hat mich nie beim Namen genannt, er sprach von mir immer nur als »der dicke Tischlerbub«. Viele Jahre später, kurz vor seinem Tode, habe ich erfahren, daß er ein paarmal in der Werkstatt meines Vaters gewesen ist und ihm bei der Arbeit zugeschaut hat. Mein Vater hatte ein absolutes Gefühl für Form. Er konnte einen Kreis mit der freien Hand zeichnen, und man konnte diesen Kreis mit dem Zirkel nachmessen.

24.

Der dicke Tischlerbub soll herkommen. Verstehst du mich, oder kannst du mich nur stumpfsinnig anstarren? Du bist nicht ungefährlich. Bei jedem kann ich sagen, wie sein Leben weitergeht, aber bei dir weiß ich einfach nicht, was in deinem fetten Kopf vor sich geht und welche Dinge sich in diesem faßartigen Körper angesammelt haben. Fleisch und Blut kann es nicht sein, sonst würdest du deinem Alter entsprechend in einer Toilette hocken und onanieren. Dein Blick stört mich. Ich glaube, die einzige Möglichkeit, dich loszuwerden, ist ein Unfall. Du müßtest von einer Straßenwalze überfahren werden. Dein fetter Körper und dein ebenso fetter Kopf müßten zerplatzen. Geh weg von hier. Geh mir aus den Augen. Geh auf die Bundesstraße. Laß dich von einer Walze überfahren. Sofort!

25.

Damals
entfloh ich von zu Hause
zu meinem Großvater
nach Italien.

Sein Haus war ein Steinhaus.
Der Herd eine gemauerte Nische
in der ein Kupferkessel hing.

Der Großvater war sehr alt
und seine Freundin
die ständig lachte
hatte keine Zähne mehr.

Er tischte Wein und Parmesan auf
trank selbst am meisten
und erzählte mir
was er mit seiner Freundin
noch alles treiben würde.

Er holte Onkel Tilio
der ein Künstler sei
vom Feld
und befahl ihm
den Rhythmus der Internationalen
zu furzen.

Der Rest von Italien
hat mich nie interessiert.

26.

Mein Halbbruder kam aus Italien
und blieb bei uns.
Seitdem sprachen mein Vater und er
nur noch italienisch.

Meine Mutter bekam furchtbare Kreuzschmerzen
und konnte sich kaum mehr aufrecht halten.
Es fiel ihr besonders schwer
mit den Kunden zu reden.
Sie kam in ein Krankenhaus
und zurück
mit einem Mieder aus Leder und Eisen
und war freundlich zur Kundschaft
wie eh und je.

Das wichtigste ist
sagte meine Mutter
daß man vor den anderen
gut dasteht.

27.

Wenn sie mich beim Fußballspiel ausschlossen
weil ich zu dick war um den Ball zu erreichen
und ein anderer Dicker
bereits im Tor stand
ging ich auf einen Hügel vor dem Dorf.
Dort hatte ich
in einem Erdloch
ein geheimes Lager angelegt:
Ein Buch von Camus über den logischen Selbstmord.
Nackte Frauen aus Zeitschriften.
Dreieckskäse den ich in der Gemischtwarenhandlung
gestohlen hatte.
Haselnüsse.
Ein Atlas.
Stundenlang saß ich auf dem Hügel
und wartete auf den Zug nach Wien.
Pünktlich um sechs Uhr zehn fuhr er vorbei
und mit ihm meine Wünsche und Hoffnungen.
Heute denke ich:
Ich hätte im Dorf bleiben sollen.
Ich hätte mich wehren sollen.

28.

Mit fünfzehn Jahren
wollte ich
Priester werden.

An einem Sonntag
verließ ich die Kirche
im Zustand
der Erleuchtung.

Ich freute mich
auf die Niedertracht der anderen
denn ich spürte
meine unendliche Fähigkeit
sie lächelnd
zu ertragen.

29.

Der Besuch
meines italienischen Großvaters
kündigte sich nicht brieflich an
sondern so:

Die Kellnerin des Dorfgasthauses
kam aufgeregt ins Haus
und sagte keuchend
der Herr Opa aus Italien
sitzt betrunken im Gasthaus.

Kurz darauf
kam mein Großvater
wankend durch die Gartentür
legte seine Hand auf meine Schulter
und schenkte mir eine Zigarre.

Das österreichische Bier
sagte er lachend zu meinem Vater
ist das beste.
Er drehte sich um
und pischte mitten im Hof.

Meine Mutter
schaute nicht ihn
sondern meinen Vater
mit einem strafenden Blick an.

30.

Meine ersten Kontakte mit dem Theater kann ich mit einem einzigen Wort beschreiben: mißlungen! Ich bin in Klagenfurt zur Schule gegangen, wir besuchten sogenannte Schüleraufführungen im Stadttheater Klagenfurt. Diese Aufführungen waren das Ödeste, was man sich vorstellen kann, und ich erinnere mich, daß wir mit U-Hakerln auf die Schauspieler geschossen haben. Ich habe das bestehende Theater frühzeitig zu verabscheuen gelernt.

31.

Als ich eine nackte Frau sehen wollte
entwendete ich meinem Vater einen Drillbohrer.
Ich gab dem Sohn der Badefrau fünf Schilling.
Ich sperrte mich in einer Badekabine ein.
Ich bohrte ein Loch zur Nachbarkabine.
Ich wartete stundenlang bis sie endlich kam.
Ich sah wie sie zuerst das Kleid überzog
und dann das Badehöschen auszog.
Ich bekam vor Aufregung einen Lachanfall.
Ich geriet in Panik
weil ihr Mann an meiner Kabinentür riß.
Ich bekam von ihm Schläge
nachdem er die Tür aufgebrochen hatte.

Ich stellte mir abends im Bett vor
wie es gewesen wäre
wenn sie zuerst das Höschen ausgezogen
und dann das Kleid
angezogen hätte.

32.

Im Sommer
steckten sich die Freunde
meines älteren Bruders
Tannenzapfen in die Badehose
und stolzierten damit
vor den verschämt wegschauenden Mädchen
auf und ab.
Dieser Betrug flog auf
als ich mir
zwei Tannenzapfen
in die Badehose
steckte.

33.

Im finsteren Holzklo
unseres alten Hauses
feierte ich meinen Eintritt
in die Männlichkeit.
In der einen Hand hielt ich
eine schwach leuchtende Taschenlampe.
Ihr zitternder Strahl
war auf einen Katalog für Bademoden
Sommerkollektion 1958
Firma Warmuth Villach
gerichtet.
In der anderen Hand
hielt ich
nach zehn schwitzenden Minuten
das Ergebnis meiner Anstrengung.

Dieses Gefühl
Sieger eines Rennens zu sein
war durch nichts zu trüben.
Nicht einmal
durch die allgemeine Prophezeiung
auf Rückenmarksschwund.

34.

Als Hauptschüler in Klagenfurt
saß ich mit meinen Schulfreunden
auf einer Parkbank
und wir kommentierten grinsend
das Aussehen
jedes vorbeigehenden Mädchens.

Die eine habe eine Frisur
wie ein Misthaufen
die andere einen Arsch
wie der Postkasten beim Hauptpostamt
und die dritte
sicher Hängetutteln.

In Wahrheit
hatte ich eine solche Sehnsucht
nach einem Mädchen
daß mir jede recht gewesen wäre
hätte sie mich nur
eines Blickes gewürdigt.

35.

Wenn die Bauernburschen das eine wollten
gingen sie ins Gasthaus und soffen
bis die Kellnerin einen von ihnen
mit aufs Zimmer nahm.

Als ich das eine wollte
ging ich ins Gasthaus und soff
bis die Kellnerin mich
mit auf ihr Zimmer nahm.

Wenn die Bauernburschen saufen
sagte die Kellnerin
und ich einen mit aufs Zimmer nehme
dann will er immer nur das eine.

Schrecklich
sagte ich
und hörte mir die ganze Nacht
ihre Geschichten an.

36.

Frau Emy
eine Wiener Hure
zog sich im Alter
aufs Land zurück.

Sie eröffnete
das erste Café im Dorf
»Tante Emy's Nachtcafé«.
Ein übel beleumdeter Ort.

Wenn ich bei ihr
spät in der Nacht
Gin-Fizz trank
beugte sie sich vor
um die Syphonflasche
aus dem untersten Fach der Theke
hervorzuholen.

Dabei konnte ich
für einen kurzen Moment
in ihren Ausschnitt sehen.

Als ich wieder einmal
den zehnten Gin-Fizz bestellte
zog sie mit der Hand
den Ausschnitt ihres Kleides tiefer
und meinte
ich könne diesen Einblick
auch ohne Gin-Fizz haben.

So viel Großzügigkeit
widerfährt einem
selten
im Leben.

37.

Meine erste Begegnung
mit dem Wunder der Liebe
ereignete sich
in der Klagenfurter Vorstadt.

Ich saß
im Peterhofkino
und sah
»Die Rache der Pharaonen«.

Mein Knie
berührte das Knie
der Sitznachbarin
und geriet in Brand.

Der Brand
dehnte sich über mein Bein
über meinen Körper
über das Kino
über die Stadt
und über das Universum
aus.

Seither habe ich
viele großartige Filme gesehen
aber »Die Rache der Pharaonen«
bleibt der beste.

38.

Herr Bongart
ein Hafnermeister
aus St. Veit an der Glan
gab mir die Adresse
eines Puffs in Wien.

Ich lag im Bett
einer Hure
die mich leicht würgte
und lachte.

Ich wußte nicht
was ich tun sollte
und würgte sie ebenfalls.
Ziemlich fest.

Sie würgte mich
noch fester
und ich tat
desgleichen.

Sie warf mich
aus dem Bett
und nannte mich
einen Mörder.

Ich rannte
voller Panik
aus ihrem Zimmer
und lief
über den Gang.

Aus den
anderen Zimmern
kamen Huren
mit ihren Freiern
und liefen mir
schreiend nach.

Ich öffnete eine Tür
welche direkt
in die österreichische Literatur führte
verriegelte die Tür von innen
zitterte am ganzen Leibe
und verblieb in diesem Zustand
bis zum heutigen Tag.

39.

Ich bin in der Fasangartenkaserne in Wien, was soll ich dir erzählen, lieber Bruder? Der Ausbildner schreit »decken«, meine Kompanie und ich, wir werfen uns im Kampfanzug und mit Gewehr auf den vereisten Kasernenhofboden, der Ausbildner schreit wieder, daß der Russe uns von der »Gloriette« her beschießen würde, und wir schießen zurück in Richtung »Gloriette«, Dauerfeuer. Natürlich ohne Patronen, wir sind ja beim österreichischen Bundesheer. Die Mama soll mir zwei Unterleiberl schicken. Die vom Militär sind mir zu eng.

40.

Ich habe ein Mädchen kennengelernt, so etwas Wunderbares gibt es nicht auf der ganzen Welt, und das Wunderbarste an ihr ist, daß sie sich mit so einem wie mir abgibt. Ich will weg aus der Kaserne, ich will zu ihr. Wenn sie mich nicht hinauslassen, begehe ich Fahnenflucht. Wenn sie mich wieder einfangen wollen, erschieße ich sie und mich. Sie hat lange schwarze Haare, sie sieht aus wie eine türkische Prinzessin, ihr Vater ist ein Nazi. Ich bin glücklich und verzweifelt in einem.

41.

Im Namen der Liebe
verschenken wir das Herz.
Ich verblute.

Im Namen der Liebe
rauben wir uns den Atem.
Ich ersticke.

Im Namen der Liebe
schreiben wir einen anderen Namen
anstelle des eigenen.

42.

Meine Liebe! Ich werde Geld auftreiben, entweder hier oder in Schweden. Bitte kümmere dich um eine Wohnung, notfalls auch nur um ein
Untermietzimmer. Es kann leer sein, vielleicht ein Kasten drin, Ma-
tratzen habe ich, ein Tisch muß drinnen sein, zum Schreiben. Wenn
ich nach Schweden gehen muß, hast du etwas mehr Zeit zum Suchen.

43.

Ich hatte kein Geld und ging in ein Stahlwerk. Ich arbeitete an der Bessemerbirne. Eine Bessemerbirne ist fast so groß wie ein Haus, in ihr wird Stahl gekocht. Es werden verschiedene Legierungen »eingeschossen« und Sauerstoff hineingespritzt. Funken, Stahlpartikel spritzen aus der Birne heraus und lagern sich als Schlacke unter der Birne ab. Die Aufgabe meiner Gruppe bestand darin, diese Schlacke vor ihrem Festwerden unter der Birne herauszuschaufeln, in Karren und Mulden. Wir trugen Asbestanzüge und Schutzhelme. Ich weiß zwar nicht, wie die Hölle ist, aber es müssen dort ähnliche Temperaturen herrschen wie unter der Bessemerbirne.

44.

Neben dem Hochofen, im Aufenthaltsraum, schreibe ich in den Arbeitspausen. Die Kollegen fragen mich, was ich da mache. »Dichten«, sage ich, und sie lachen. »Dichte lieber das Loch einer Frau ab«, sagt einer, und ein anderer, ein roter Funktionär, weist ihn zurecht. Mit der Zeit gewöhnen sie sich an mein Tun und bitten mich, Eingaben und Briefe für sie zu schreiben.

45.

1963 wollte ich Schauspieler werden und machte die Aufnahmsprüfung im Reinhardt-Seminar in Wien. Ich fuhr direkt vom Stahlwerk nach Wien, ins Schloß Schönbrunn. Ich spielte den Hamlet, den Faust und den Falstaff vor, alle Rollen mit einem leichten Kärntner Akzent. Eine Professorin fragte mich, ob ich Laienmitglied der »Friesacher Burghofspiele« sei. Ich hörte ein verhaltenes Lachen von unten und blieb bei meiner ursprünglichen Berufswahl: Dichter.

46.

Ich hatte geheiratet und brauchte Geld, ich wurde Schreibmaschinen-vertreter, ein sehr erfolgloser. Ich ging nicht auf Kundenjagd, ich setzte mich in ein Kaffeehaus und erfand sogenannte Kundengespräche, die ich in ausführlichen Tagesberichten festhielt. Irgendwann flog der Schwindel auf, und ich flog nicht hinaus, im Gegenteil, ich wurde be-fördert, offensichtlich fälschten alle ihre Tagesberichte. Nach einigen Monaten wechselte ich den Beruf und wurde Werbetexter. Die Wiener Firmenleitung schickte mich in die deutsche Zentrale nach Frankfurt zur Managerausbildung. Anschließend führte ich einige Werbekampa-gnen durch, mit großem Erfolg. Ich wurde einer dieser schizophrenen Typen, wie sie dutzendweise herumrennen: In meinem Selbstver-ständnis war ich ein Künstler, in der Praxis schrieb ich Werbetexte für Maggi-Suppenwürfel, Humanic-Schuhe und Ford-Autos.

47.

Ich habe den Managerberuf aufgegeben, meine Frau und ich, wir haben uns getrennt, ich habe die Wohnung zerstört und bin mit einem Freund zum Südbahnhof gegangen, wir haben uns in den Balkanex-preß gesetzt. Wir haben eine Flasche Schnaps getrunken und die neue Zeit verkündet. Mein Freund stieg in Graz aus, er hatte in der alten Zeit noch ein paar Dinge zu erledigen. In Belgrad hat mir ein Schaffner einen Playboy geschenkt, wir sind die besten Freunde geworden. In Nordgriechenland habe ich die Hand aus dem Fenster gehalten, und in mir ist es wärmer und wärmer geworden.

48.

Der Bahnhof von Athen sah aus wie ein österreichischer Provinzbahnhof, die Kleidung der meisten Menschen wirkte ärmlich, die Uniform der vielen Polizisten prächtig. In Piräus fragte ich nach dem Schiff zur Insel Rhodos, der Angestellte lud mich mit einer Geste ein, mich niederzusetzen, und bot mir eine Zigarette an; auf dem Schiff trank ich ständig griechischen Kaffee und dachte an die Dinge, die ich hinter mir ließ. Von Rhodos fuhr ich vier Stunden mit einem alten Autobus nach Lindos, ich hatte durchgehend das Gefühl, daß der Fahrer im nächsten Moment im Straßengraben landen wird. Offensichtlich teilten die mitfahrenden Griechen dieses Gefühl: sie bekreuzigten sich in jeder Kurve. Als ich Lindos zum erstenmal sah, durch die Scheibe des Autobusses, war ich sprachlos. So hatte ich mir die Ankunft im Paradies schon immer vorgestellt.

49.

Dort schrieb ich unter Einfluß von Drogen in wenigen Wochen ein Theaterstück. Ich wollte alles, was sich in den letzten Jahren an Druck in mir angesammelt hatte, loswerden. Ich wollte auf keinen Fall mehr zurück in den »bürgerlichen« Beruf, hatte aber auch keine Ahnung, wie es weitergehen sollte, denn selbst auf der schönsten Insel braucht man auch Geld zum Leben. 1968 ging ich an die italienische Adria, arbeitete in verschiedenen Hotels und verliebte mich in eine Deutsche aus Biberach an der Riß. Nach zwei Wochen war ihr Urlaub zu Ende.

50.

Zum Teufel mit der Entfernung zwischen Dir und mir, ich möchte die Erde so flach zusammendrücken, bis es keine Distanz mehr zwischen uns gibt. Alle Kilometer zwischen Bibione und Biberach an der Riß sollen verschwinden. Du bist neben mir oder auf mir oder wie auch immer. Zwischendurch muß ich in der Rezeption den deutschen und den schwedischen Urlaubern den Zimmerschlüssel reichen.

51.

Meine Liebe! Auf der Rückfahrt von Italien habe ich in Kärnten Station gemacht. Bei meinem Eintreffen in Biberach an der Riß und bei unserem Wiedersehen wollte ich irgendwie südlich aussehen, ich komme ja auch von dort. Ich habe mich im Zimmer meines Bruders vor eine Höhensonne gesetzt, ungefähr eine Stunde, ich wollte sehr braun werden. Am nächsten Morgen bin ich um fünf Uhr mit furchtbaren Schmerzen aufgewacht. Meine Augen brannten wie Feuer, und ich sah alles wie durch einen Schleier. Mein Bruder und meine Schwägerin haben mich sofort zu einer Augenärztin gebracht, irgendwie hatte ich das Gefühl, daß sie das Lachen nicht verkneifen konnte. Sie stellte eine Verbrennung der Bindehaut fest, verklebte meine Augen mit Salbe und Verbänden und trug mir auf, drei Tage und Nächte in diesem Zustand zu verweilen. Heute ist der vierte Tag, und ich schreibe Dir diesen Brief. Am Wochenende werde ich in Biberach sein, ich werde dunkle Brillen tragen und Dich um Entschuldigung für die Verspätung bitten.

52.

Lieber Bruder! Du fragst mich, wie es mir geht, und ich antworte Dir wahrheitsgemäß: Furchtbar. Ich sitze in einer deutschen Kleinstadt, niemand will mein Stück spielen, und ich habe eine unglaubliche Sehnsucht nach Nowosibirsk. Leider ist die Transsibirische Eisenbahn sehr teuer. Kannst Du mir etwas Geld schicken?

53.

Ich hasse die Schweiz. Ein Zürcher Theater wollte mein Stück annehmen, aber der sogenannte Theaterbeirat hat es abgelehnt, es sei zu pornographisch. Man hat mir vorgeschlagen, das Stück zu ändern. Der Vorschlag ist zu scheußlich. Mit meinem Geld bin ich am Ende und mit meiner Beziehung geht es in dieselbe Richtung. Ein Freund will mir ein Literaturstipendium verschaffen, die erste Rate kommt – wenn überhaupt – im Juni. Kannst Du mir etwas zur Überbrückung schicken, alter Schulfreund?

54.

Du stürmst in das Zimmer
und schreist
wie sehr du mich haßt.

Ich mich auch.

Da wir uns einig sind:
Könnten wir uns nicht
ein bißchen näherkommen?

55.

Meine deutsche Freundin verließ mich, ich blieb in Biberach an der Riß, arbeitete als Hilfsarbeiter in einer Bimssteinfabrik, und fuhr zur Frankfurter Buchmesse. Ich hatte eine solche Sehnsucht, Verlage und Autoren kennenzulernen, aber ich kannte keinen Menschen. Plötzlich kam der freundliche Dichter, der im Hause des Komponisten gewohnt hatte, auf mich zu, umarmte mich und lachte. Ich zeigte ihm mein Stück, er nahm es an sich und sagte mir, er werde es an einen Verlag schicken, falls es ihm gefalle. Zwei Wochen später bekam ich einen Brief von einem Verlag: Ich solle sofort nach Wien kommen, das Wiener Volkstheater habe das Stück zur Uraufführung angenommen. Das war ein sehr glücklicher Moment.

56.

Schon eine Woche vor der Premiere meines Stückes standen die unglaublichsten Dinge in den Zeitungen. Von einer Schändung des Theaters, vom möglichen Untergang des Abendlandes war die Rede. Ich war verliebt in die Hauptdarstellerin und begriff wenig von dem, was um mich herum vor sich ging.

57.

Am Abend des 21. Jänner 1971 stehe ich auf der Bühne des Volksthea-
ters, allein. Mein Stück ist soeben zu Ende gegangen. Vor mir brodelt
es. Die Leute schreien, applaudieren, pfeifen. Ich stehe da oben,
schaue in diesen Hexenkessel und weiß nicht, was ich tun soll. Von
der Seitengasse schreit der Regisseur, ich solle endlich abgehen, aber
ich stehe da und rühre mich nicht. Ich bin am Ziel, am Theater.

58.

Ich habe gedacht, dieses Schreien in mir wird zur Ruhe kommen, wenn ich es auf die Bühne gebracht habe, aber das ist nicht der Fall, es schreit weiter.

59.

Freunde, wir leben im Zeitalter der ungerechten Verteilung von Bosheit. Kleine privilegierte Gruppen horten die Falschheit, Minderheiten besitzen die Lüge. Während das Volk mit althergebrachten Tugenden sein Dasein fristet, schwelgen die Auserwählten in den Genüssen der Schlechtigkeit, laben sie sich an den süßen Quellen der Unmoral. Ihrer ist Mord und Totschlag, Haß staut sich in ihren erlesenen Seelen, während die Liebe als Massenartikel eure armen Herzen tröstet. Aus euren Därmen saugen sie das süße Brot der Verwesung, aus den fetten Töpfen des Müßigganges fressen sie alleine, sie erbauen sich an der Schönheit der Unterdrückung, genießen die Freiheit des Quälens, kleiden sich mit dem feinen Faden der Intrige, während Ihr euch in den groben Stoff der Aufrichtigkeit zwängt.

Das Schlechte macht das schöne Leben. Euch sperren alle Ketten von der Lust des Bösen, deshalb seid Ihr wahrhaftig, weil Ihr die Süße der Lüge nicht kennt. Ihr schöpft voll Schweiß aus dem Brunnen der Gerechtigkeit, anstatt im Blute der Rache zu schwimmen. Euch ist der Geschmack mit Wahrheit verdorben, Ihr schlagt euch die Zähne mit Redlichkeit ein, Ihr verderbt euch den Magen mit Tugend, Ihr verkohlt euch die Füße mit Ausdauer, Ihr freßt euch mit Fleiß durchs Leben, Ihr geht mit Anstand zugrunde. Ihr stinkt nach Tugend, wo Ihr nach Verbrechen duften könntet. Ihr hinkt mit Geduld, wo Ihr mit Bosheit treten könntet. Ihr krümmt euch vor Achtung, wo euch die Verachtung doch so herrlich aufrichten würde, und selbst im Scheißen seid Ihr noch pünktlich. Oh Gott, das Gute, das Wahre, das Schöne hat euch böse zugerichtet.

60.

Die Liebe ist tot, und ich sitze wieder im Dachboden meines Eltern-
hauses und schreibe an einem neuen Stück. Es ist alles wie früher. Ich
verstecke mich vor der Welt und denke mir eine aus, eine schreckliche.
Draußen sieht alles so friedlich aus. Der Bruder arbeitet in der Werkstatt und die Mutter im Garten.

61.

Kurz vor Ende der Uraufführung des neuen Stückes ging ich auf die Bühne, weil vom Zuschauerraum nur noch Geschrei zu hören war. Ich stellte mich vor die Schauspieler und verschränkte die Arme. Einer schrie herauf »schlachtet doch lieber den Autor«, einige lachten und klatschten, und mir wurde mulmig. Wie immer, wenn ich mich fürchte, fange ich an zu grinsen. Das Geschrei wurde noch lauter.

62.

Nach der Aufführung
schrieb eine Zeitung
dieser Kärntner Orang-Utan
soll in die Wälder zurückgehen
aus denen er
hervorgebrochen ist.

Überallhin,
nur nicht dorthin.

63.

Der Pfarrgemeinderat des Ortes, in welchem unser Film gedreht werden sollte, lud uns vor und bezichtigte uns der Blasphemie: Die Rolle des Priesters würde von einem perversen Kommunarden gespielt werden und den Großbauer würde ein Schauspieler darstellen, der ein landesbekannter Alkoholiker sei. Wir argumentierten dagegen, wir rechtfertigten uns, aber die Gesichter der Pfarrgemeinderäte blieben verschlossen und unnahbar. Plötzlich hatte ich das Gefühl, ich bin wieder in meinem Kärntner Heimatdorf, ich bin ein Kind und der Pfarrer und die Dorfhonoratioren und das ganze Dorf blicken voller Verachtung auf mich herab. Und der liebe Gott, den ich um Hilfe anflehe, schweigt.

64.

Mitternacht in der Psychiatrie.
Eine Krankenschwester
aus dem Burgenland.
Ein Schluchzen
aus dem Nebenzimmer.
Rote Pillen
in Abständen.
Ein Glas
lauwarmer Sekt.
Silvester.

Wie soll ich
mir
das neue Jahr
erklären?

65.

Ich laufe zu dir.
Ich rutsche aus und falle hin.
Ich stehe auf und laufe.
Ich rutsche aus und falle hin.
Die Knie sind blutig.
Die Schmerzensschreie
sind im Therapieraum.

66.

Man sagt:
Ein Mensch
hat den Tod vor Augen.

Ich habe ihn
in mir.
Hoffentlich tötet er
das Richtige.

67.

Ich sei
sagt der Psychiater
als Kleinkind zu lange
hospitalisiert gewesen.

Ich hätte daher
ein unstillbares Bedürfnis
nach fürsorglichen Krankenschwestern.
Im übertragenen Sinne.

Was für eine nette Beschreibung
für mein unstillbares Bedürfnis
ein Frauenmörder zu sein.

68.

Ich lege dir meinen Kopf zu Füßen
streichle deine Beine entlang
schlecke dich auf
kreise um deinen Nabel
spiele mit deiner Brust
glätte die Haut auf deinem Hals
zähle die Falten in deinem Gesicht
atme in dein Ohr
und wünsche dir
liebe Mutter
alles Gute zum Muttertag.

69.

Ich möchte
meine Feinde
so lange lieben
bis sie unter meiner Liebe
zusammenbrechen.

Ich möchte
meiner Freundin
so lange verzeihen
bis sie an ihrer Schlechtigkeit
verzweifelt.

Ich möchte
meinen Freunden
so lange helfen
bis sie ihre Unfähigkeit
einsehen.

Ich möchte
mit allen Mitteln
ein guter Mensch sein.

70.

Beim Verlassen der Psychiatrie
treffe ich
einen alten Bekannten.
Ich erzähle ihm
von einem verrückten Freund
den ich da drinnen
besucht hätte.

71.

In den letzten Jahren
plante ich mit meiner Mutter
große Reisen.

Sie
die nur einmal
über ihr Land
hinausgekommen war
wollte überall hin.

Ich besorgte Prospekte
und schlug Termine vor.

Sie verschob sie
aus nichtigen Gründen
und wollte doch immer mehr
und mehr
über unsere Reiseziele wissen
als wüßte sie
daß sie diese
nie erreichen würde.

72.

Jetzt sind sie
alle tot.
Mein italienischer Vater
der sich in ein Kärntner Dorf
verirrt hatte
und nicht mehr herausfand.
Meine Mutter
die ein Leben lang
über alle Schmerzen
hinweglächelte.
Tante Pia
das Kartoffelgesicht
die von einem Auto
zerquetscht wurde.
Onkel Tilio
der mit einem letzten Furz
vom Sessel fiel.
Und mein Großvater
genannt Bastian Terror
dem ein Arzt
mit vierundneunzig
das Saufen
und das Rauchen
und das Leben
abgewöhnte.

Jetzt kann ich
damit meine sehnsuchtsvollen Rufe
nach irgendetwas klingen
schöne Geschichten über sie alle
erfinden.

73.

Es ist ein Glück, wenn man einen Menschen gefunden hat, mit dem man glücklich sein und blöde Witze reißen kann.

74.

Alles fliegt
Zwerge klammern sich
an Kirchtürme
Glatzen sprießen
und Racheengel spielen Domino.

Gott heiratet
Marilyn Monroe
nur standesamtlich.
Priester treten
auf ihre Soutanen
und nackt ins Freie.

Dort erwartet sie
eine Abordnung
frisch gefallener Engel.
Ich danke dir
Geliebte
daß ich die Welt
endlich mit klaren Augen sehe.

75.

Liebe macht blind
sagt man
und folglich
werde ich
in den Verein der Blinden
und Sehschwachen
eintreten.
Einen Blindenhund
beantragen.
Die Wohnung blindengerecht
umbauen.
Und jede Nacht
werde ich
an den Erhebungen deines Körpers
die Blindenschrift
üben.

76.

Ich gehe
wenn ich gehe
am Rande des Weges
für den schönen Fall
du könntest unerwartet
neben mir auftauchen.

Ich gehe
wenn ich gehe
nur über ebene Landschaften
für den schönen Fall
du könntest überraschend
am Horizont
erscheinen.

77.

Als der Golfkrieg ausbrach, war ich in Berlin. Ich hatte den Eindruck, dieser Saddam Hussein will die Welt, in der ich mich gerade ein wenig beheimatet fühlte, anzünden. Die Nachrichten machten ihn zum gefährlichsten aller Teufel. Am zweiten Tag wechselte das Medienbild schlagartig: George Bush und seine Boys werden diesen Verrückten in ein paar Tagen erledigt haben. Und am dritten Tag war es wieder anders: Da trat General Schwarzkopf auf und sprach von einer verlustreichen Panzerschlacht, die er führen müsse, und man zeigte Ledertaschen, die als Särge gedacht waren. Und am vierten Tag sah alles schon wieder anders aus: Saddam Hussein drohte, alle Ölquellen in Brand zu stecken und damit eine Weltverbrennung, eine Weltvergiftung auszuführen. Und wir alle versanken in Angst und Schrecken. Aber der fünfte Tag brachte wieder eine Wendung: Wir sahen in den Cockpits der amerikanischen Piloten Videoszenen, auf denen der Feind oder seine Stellungen oder seine Häuser oder seine Panzer oder seine Flugzeuge wie nichts weggefegt, zerschossen wurden. Und sollte sich vielleicht am nächsten Tag herausstellen, daß das Ganze überhaupt nur ein Videofilm war? Ich wurde zum Idioten der Geschichte, und ich habe nach einigen Tagen beschlossen, nichts mehr aufzunehmen, gar nichts mehr. Gymnasiasten demonstrierten damals vor der Gedächtniskirche in Berlin gegen den Krieg. Und ich bin nicht mehr auf die Proben ins Schillertheater gegangen, sondern zu diesen Kindern, und habe mir kalte Füße geholt. Das einzige, was ich von diesem Krieg verläßlich weiß, sind die kalten Füße.

78.

Mein theatralischer Fieberkopf gibt einfach keine Ruhe. Täglich renne ich über Wortbrücken und flüchte mich in Satzbauten, aber wenn ich am nächsten Tag das Geschriebene lese, dann ist kein Haus und keine Brücke mehr da. Also renne ich wieder los. Jahrein, jahraus.

79.

Stückeschreiben
ist ein interessanter
Vorgang.

Man versteckt sich
hinter den anderen
und verweist
auf deren Unglück.

Bis das Spiel
aus ist.

80.

Das Schönste am Theater ist, daß man immer wieder alles neu erfinden kann. Am Theater kann man alles behaupten, es muß nur interessant weitergehen. Eine verlebte, laszive, geschminkte, ältere Frau tritt auf und sagt, sie sei eine Hure, leider blieben in letzter Zeit die Freier aus. Interessant, denkt sich das Publikum, und wie geht die Sache weiter? Die alte Hure wischt sich die Schminke aus dem Gesicht, legt sich einen Schleier um den Kopf, sagt, sie sei die Mutter Teresa und sie habe gerade den Friedensnobelpreis bekommen. Das Publikum ist keineswegs empört, es will nur wissen, was jetzt kommt. Fährt sie nach Stockholm oder geht sie wieder zurück auf den Strich? Im Theater ist alles möglich, besonders das Gegenteil. Es ist in keine Ordnung zu bringen.

81.

Geschätzter Herr Bürgermeister! Sie haben die Mühe auf sich genommen, mich zum Ehrenbürger meines Heimatdorfes zu machen, und es war doch vergebens: die Mehrzahl der Gemeinderäte wollte es nicht, und ich will es auch nicht. Ich bin nicht Schriftsteller geworden, um ein Geehrter zu sein, sondern ein Gelesener. Und außerdem: Ehrenbürgerschaften und Ehrennadeln und Titel und Orden sind die Vorstufen des Ehrengrabes, und um dieses möchte ich einen sehr weiten Bogen machen.

Meine Gegner haben schon recht, wenn sie sagen, ich hätte zuwenig für meinen Heimatort geleistet. Ein Schriftsteller dient keinem Ort, sondern dem, was er für die Wahrheit hält. Ich habe in vielen Gedichten meine Kindheit in diesem Dorf beschrieben, die Demütigungen, aber auch die Momente der Zuwendungen, die ich dort erfahren habe. Dieses Dorf ist unauslöschlich in mir: Mehr ist dazu nicht zu sagen.

82.

Bis auf den heutigen Tag empfinde ich keine Sicherheit bei öffentlichen Auftritten, obwohl ich Hunderte hinter mir habe. Immer empfinde ich diesen Abgrund hinter mir und keine Anerkennung kann mich darüber hinwegtrösten. Jedesmal fürchte ich mich und jedesmal strenge ich mich maßlos an, damit ich nicht in diesen Abgrund gestoßen werde – es ist wie in meiner Kindheit, das Schweigen, die Bedrohung, die Gefahr sind immer da. Auch wenn ich mir hundertmal sage, daß es dafür keinen Grund mehr gibt, daß ich ein anerkannter Schriftsteller bin, es hilft alles nichts. Der Abgrund hinter mir öffnet sich und gleich werde ich hineinstürzen. Das Gefühl der Angst erfaßt mich und ebenso die Bereitschaft, darüber Witze zu reißen.

83.

Solange die Existenz
und die Lage
des Paradieses
nicht geklärt sind
halte ich mich
an dich.

84.

Gestern bekam ich
keinen Steifen.
Vorgestern
auch nicht.
Und vorvorgestern
war er höchstens
halbsteif.

Die Liebe ist eben
etwas Weiches
Zartes.

85.

Sollte es sich
bei der Liebe
tatsächlich
um eine
hormonelle Verblendung
handeln
so will ich
geblendet sein
bis ans Ende
meiner Tage.

Sollten
meine Hormone
bis dahin
nicht ausreichen
bin ich
gerne bereit
mir diesbezügliche Präparate
zu besorgen.

86.

Ich
ein alternder Dichter
sitze auf einem
morschen Ast
und halte Ihnen
meine sehr verehrten
Damen und Herren
einen Vortrag
über die Unvergänglichkeit
der Liebe.

87.

Gestern war ich im Dorf meiner Kindheit und besuchte das Haus, in welchem meine Eltern, wir drei Brüder und unser Halbruder in zwei Räumen wohnten und ich war fassungslos, wie klein diese beiden Räume waren. Es schien mir unmöglich, daß hier sechs Menschen gewohnt haben, das muß ja ein zellenartiges Elendsquartier gewesen sein, aber als Kind kam es mir keineswegs so vor. Ich besuchte auch das große weiße Haus des Komponisten auf dem Dorfhügel. Er und seine Frau sind schon seit Jahren tot. Der Komponist sei an geistiger Umnachtung gestorben, wurde mir von einem jungen Mann, der das Haus verwaltet, gesagt. Aber auch die Räume dieses Hauses, die in meiner Erinnerung riesengroß waren, waren jetzt eher klein. Doch bald füllten sich die Räume meiner Kindheit, die bei meinen Eltern, und die im Haus des Komponisten mit Erinnerungen und Gefühlen und dabei wurde sie wieder größer und größer.

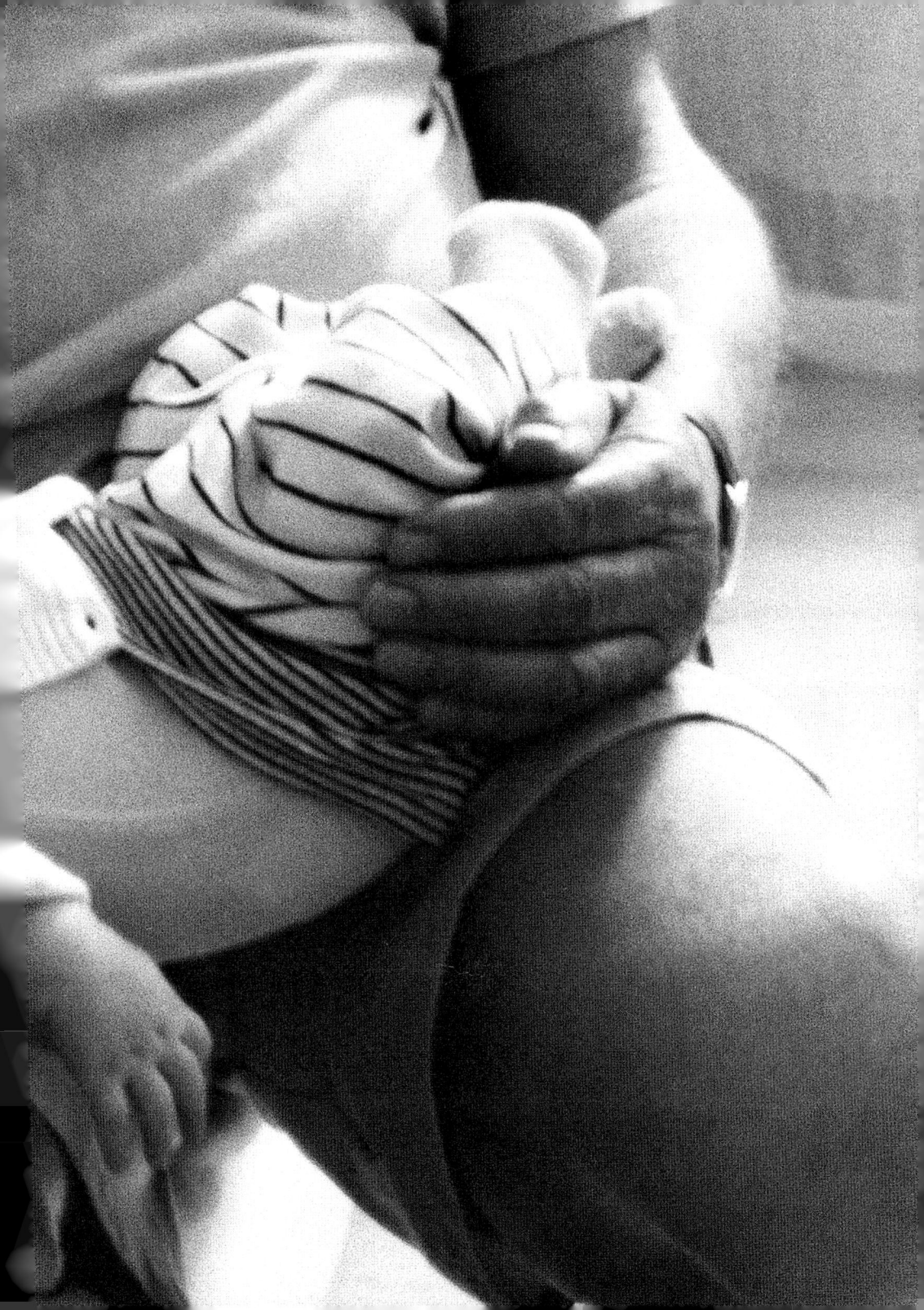

88.

Die körperlichen Schmerzen sind kaum auszuhalten, und ich erwäge, den Tod selbst herbeizuführen. Ich überlege alle Todesarten und verwerfe sie wieder. Der Sprung aus dem Fenster scheint mir zu unsicher, ich könnte ihn überleben und zum Invaliden werden. Der Gastod fällt aus, seit die Stadtwerke das Gas entgiftet haben. Ich überlege, mit dem Auto gegen eine Wand zu rasen. Erhängen und vor sich hin zappeln finde ich auch nicht schön. Ein Schuß in den Kopf ist das vernünftigste. Ein großer Knall, und dann ist es still.

89.

Ich will nicht sterben! Ich will nicht sterben! Ich will nicht sterben! Ich will nicht sterben! Ich will nicht sterben! Ich will nicht sterben!

90.

Die einzige Frage, die mich jetzt noch beschäftigt, ist, ob ich dem Anlaß entsprechend angezogen bin. Ist der Anzug, den ich anhabe, nicht zu salopp für meinen nahenden Tod? Wirkt dieses Hemd nicht etwas zu sportlich? Soll ich die Schuhe ausziehen und ein eleganteres Paar anziehen? Soll ich mich vorher noch rasieren, oder gehört das zum Service des Beerdigungsunternehmens? Soll ich vorher noch aufs Klo gehen?

91.

Ich habe mir von meiner Geliebten gewünscht, daß sie ganz kurz vor meinem Ableben einen geilen Strip vor meinem Totenbett hinlegt. In ihrer Großzügigkeit und Warmherzigkeit erfüllt sie mir jetzt diesen Wunsch, und ich bin auch wirklich sehr dankbar dafür, das Problem ist nur, daß mein Augenlicht langsam verlischt und ich nur sehr verschwommen wahrnehme, was da vor mir abläuft.

92.

Wenn ihr hört mein schweres Atmen,
mich so still da liegen seht,
hat der Tod mein altes Leben
schon verweht.

Wenn ihr ruft, ich soll doch bleiben,
schmerzerfüllt sei euer Herz,
ach, ich tanz mit wilden Sprüngen
himmelwärts.

Wenn ihr klagt, ich sei verschieden,
atemlos und hin,
freu ich mich auf Kerzenmeere,
meinen flammenden Beginn.

Nichts wird euch an mich erinnern,
dort am Boden liegt der Schein,
und ich werd auf allen Bühnen
ganz ich selber sein.

(Ende der Revue)

Die menschliche Tragödie
als österreichische Komödie

Ein Nachwort von Silke Hassler

Man soll, was man liebt, nicht verschweigen. Daß mir Peter Turrini als Mensch und als Schriftstellerkollege sehr nahe steht, soll nicht unter den Tisch fallen, sondern von Anfang an auf diesen gelegt werden. Es heißt, die Liebe zu einem Menschen mache blind, ich sehe das nicht so. So wie die Liebe zu einem Menschen die schöne Gier hervorbringt, so bringt die Nähe zu einem Werk die schöne Neugier mit sich.

Meine erste Begegnung mit Peter Turrini fand im Jahre 1985 statt, unter der Schulbank. Ich war sechzehn und las während der Religionsstunde Turrinis erstes Theaterstück »Rozznjogd«. Dem Autor ging damals der Ruf voraus, ein Pornograph zu sein, ein maßloser Übertreiber, eine Art schweinischer Unterganghofer. Ich fand nichts übertrieben, so wie es da stand, so empfand auch ich die Welt: als Misthaufen.

Dreizehn Jahre später habe ich eine Aufführung des Stückes in Wien gesehen. Die Zuschauer lachten über jeden zweiten Satz, und ich mit ihnen. Alles hörte sich noch immer so schrecklich an wie damals, und doch war es gleichzeitig sehr lustig, man mußte einfach lachen, ob man wollte oder nicht. Turrinis literarische Methode, die Schrecken des Lebens als Theater, als Komödie, vorzuführen, hatte uns endgültig erreicht.

Bei der Uraufführung der »Rozznjogd« im Jahre 1971 am Wiener Volkstheater gab es einen Theaterskandal. Der Vorhang öffnete sich und ein Müllabladeplatz war zu sehen, auf den ein Auto mit ins Publikum gerichteten, grellen Scheinwerfern fuhr. Zwei junge Menschen, ein Mechaniker und eine Kellnerin, entledigten sich ihrer Kleider, ihrer Sprache – oder besser gesagt: ihrer Sprachfloskeln –, ihrer Moral, ihrer Selbsttäuschungen. Sie unternahmen den Versuch einer Befreiung von allen inneren und äußeren, fremden und eigenen Masken. Sie schrien und tanzten auf dem Misthaufen einer Gesellschaft, von der sie sich eingesperrt und entstellt fühlten. Je radikaler die Entblößung voranschritt, desto näher kamen sie einander, desto menschlicher fühlten sie sich. Am Höhepunkt dieser Annäherung wurden sie von herumstreunenden Gewalttätern wie Tiere, wie Ratten, abgeknallt.

Was sollte an einem solchen Theaterstück, einer solchen Tragödie, an deren Ende der Tod zweier Menschen steht, komisch sein? Warum lacht das Publikum, wenn es in Wien, in Berlin, in Paris, in Lissabon, in Warschau und neuerdings in Australien, in Lateinamerika und in Asien, diese schrecklichen Turrini-Stücke sieht, auch wenn ihm das Lachen zuweilen im Halse steckenbleibt?

Ich versuche die Antwort in einer frühen Tagebuchaufzeichnung von Turrini zu finden, dort beschreibt der Jugendliche das Begräbnis seines Vaters, eines italienischen Gastarbeiters in Kärnten. Turrini und seine Brüder baten den Ortspfarrer, keine Totenrede zu halten, zu sehr war der Vater von der Dorfgemeinschaft gemieden, als Fremdling behandelt worden. Doch die Dorfhonoratioren ließen sich ihr Ritual nicht nehmen. Der Dorfpfarrer hielt eine Rede, konnte den italienischen Geburtsort des Vaters, Cerea, nicht richtig aussprechen und deutschte ihn ein, der national gesinnte Männergesangsverein intonierte das Soldatenlied: »Ich hatt' einen Kameraden«. Der Turrini Peter lachte. Am offenen Grab seines Vaters, in Anwesenheit der Dorfgemeinde.

Es muß ein zwanghaftes, verzweifeltes Lachen gewesen sein, und die Dorfbewohner werden sich in ihrer Abneigung gegen diese Familie wohl bestätigt gefühlt haben. Wenn Turrini später mit slowenischen Schriftstellerfreunden im Gasthaus saß und diese slowenisch sprachen, schrien die Bauern vom Nebentisch her, dies sei ein deutsches Land, hier werde deutsch gesprochen. Sie schrien es, aus Erregung, auf Slowenisch. Turrini lachte.

Die Generation der am Ende des Zweiten Weltkrieges Geborenen wohnte in der Tat einem lachhaften Akt bei: Österreich verkaufte sich nach 1945 als Tourismusland, verdrängte seine Mitschuld an den Verbrechen des Hitlerfaschismus, höflich und unschuldig spielte es der Welt ein Volk von devoten Kellnern und Gastwirten vor. Doch dieser Fremdenverkehrsprospekt war brüchig, die Risse in den Biographien der Menschen waren nicht begradigt: Wenn sich der österreichische Gastwirt und der deutsche Tourist besoffen näherkamen, schwärmten sie hinter verschlossenen Vorhängen in der Gaststube von ihren gemeinsamen Eroberungsfeldzügen im Osten. Als Kurt Waldheim vor der Welt eingestehen mußte, daß er bei einer SA-Reiterbrigade war, verteidigte er sich damit, daß ihn seine Leidenschaft für das Reiten dorthin gebracht habe. Sein Pferd sei bei der SA gewesen, nicht er. Die Antwort von Turrini und seinen Künstlerfreunden war ein hölzernes Pferd, das sie vor die Hofburg stellten, das Pferd hatte eine SA-Mütze auf. Turrini hatte seine Methode gefunden: Auf die Lügen der Menschen antwortete er mit den Mitteln der Ironie, der Theatralik, des Auslachens.

In den frühen Werken Turrinis ist das Maß der Ironie gering, die Wut über die immer wieder hervorquellende braune Jauche groß. Der Hauptfigur in Turrinis zweitem Stück »Sauschlachten« hat es die Sprache so gänzlich verschlagen, daß er nur noch ein Grunzen von sich gibt. Der Bauernsohn Volte paßt nicht in seine Umgebung, und die Umgebung paßt nicht zu ihm, er wird von seiner Familie ausgesondert, zur Sau gemacht und am Ende des Stückes hinter der Bühne geschlachtet. Diese Familie ist – wie sie sich in ihrer Selbstbeschreibung nennt: – »A liabe Familie in an liabn Land«, sie trägt diese Behauptung wie ein Banner vor sich her, bis die Mordlust hervorbricht, bis sie wieder jemanden, den sie nicht als den Ihren empfinden, fertigmachen kann, und sei es der eigene Sohn. Am Ende essen sie ihn auf, zu heimatlichen Klängen.

Alle Versuche, den Menschen in eine Eindeutigkeit zu pressen, in ein nationales Gefäß, in soziale und sprachliche Schemen, enden bei Turrini schrecklich und grotesk zugleich. Vor allem das Nationale funktioniert nicht, weil es den reinen Österreicher gar nicht gibt. Er ist eine Fiktion, die nur so lange aufrechterhalten werden kann, so lange die unerwünschten, die fremden Teile der Verwandtschaft oder der Biographie weggedrängt, weggeschlossen oder vernichtet werden. Wie groß muß der Rumor in der österreichischen Seele sein, wenn so viel Slowenisches, Italienisches, Jüdisches, aber auch Kommunistisches und Widerständlerisches weggedrängt werden muß?

Peter Turrini war in seinem Kärntner Dorf ein Außenseiter, der später und an einem anderen Ort seine Würde, seinen Beruf, aus diesem Außenseitertum gemacht hat. Er begann sich, seinen eigenen Worten nach, gegen »das Echte« auszusprechen. Er ist nicht nur vom »echt Kärntnerischen«, vom »echt Österreichischen« ins Unechte gewechselt, er ist ins Theater geflüchtet. Dort, wo alles unecht, Erfindung, Maskerade, Fiktion, ist, hat er sich auf die Suche nach dem Tatsächlichen, nach der Wahrheit, gemacht.

Die Formen der Wahrheitssuche waren bei den jungen Künstlern in den fünfziger und sechziger Jahren ähnlich: Die Wiener Aktionisten besudelten den touristischen Hochglanzprospekt, diesen rot-weiß-roten Unschuldsvorhang, mit den Ingredienzen des Krieges, mit Blut und Dreck; andere, die jungen Dramatiker, wählten das Theater als Nachstellungsort der Katastrophe. Die Deutschen diskutierten über ihre Vergangenheit, die Österreicher verschwiegen sie. Die österreichischen Dramatiker schrieben – inspiriert von ihren aktionistischen Kollegen – anarchische und blasphemische und tödlich endende Stücke, Theaterrituale, um dieses Schweigen zu durchbrechen.

Traten in den ersten Stücken Turrinis wie »Rozznjogd« oder »Kindsmord« junge Menschen auf, welche die Gesellschaft nicht mehr ertrugen, gegen sie aufbegehrten, von ihr vernichtet wurden oder sich selbst zerstörten, so waren es später ältere Menschen, die mit der Wirklichkeit nicht zurechtkamen. Die jungen Außenseiter, die Wohlstandsverweigerer, die Aufbegehrer, waren ja nicht die einzigen, die von der Nachkriegsgeschichte ausgespuckt wurden: Es sind auch die alten Kommunisten und Widerstandskämpfer, die nicht in das neue, weiß gebleichte Geschichtsbild paßten. Der alte Kommunist Josef in Turrinis Stück »Josef und Maria« wird zum Narren, weil er auf seiner Version der Geschichte, auf seinen Erlebnissen, beharrt, aber es gibt niemanden, der ihm zuhören will.

Zwei Jahrzehnte war die Dramatik der Stücke Turrinis davon bestimmt, die weggeschobenen Menschen, die Verlierer und die Opfer, die Narren und die Toten wieder auszugraben. Seine Methode, gegen die antwortlose und schweigende Welt der fünfziger und sechziger Jahre aufzutreten, war das Auffinden von Biographien, das Erfinden von Antworten, die theatralische Nachstellung des Verdrängten. Turrini wurde, wie andere auch, als Übertreiber der Wirklichkeit denunziert und ist doch von dieser Wirklichkeit eingeholt, ja überholt worden. Die sich in den achtziger und neunziger Jahren ausbreitende

Mediengesellschaft, das Fernsehen, die Zeitungen, die kritischen Magazine und ihre Zerrbilder, die sensationslüsternen Berichte, haben alles Verschwiegene und Vergrabene ans Licht, ins Scheinwerferlicht gebracht. Nichts mußte mehr hervorgeholt werden, alles breitete sich in immer mehr Kanälen aus, die Leichen, die vergangenen und die gegenwärtigen, türmten sich zuhauf vor den Augen der Zuschauer und Schauer.

Zehn Jahre lang machte Turrini Fernsehfilme, aber am Ende war er ein Resignierender. Er, der den Menschen schreckliche, aufrüttelnde, traurige und komische Geschichten erzählten wollte, landete mit diesen zwischen Wetternachrichten, Lkw-Staus und Werbung für Fischstäbchen. Die Fernbedienung, dieses Mordinstrument gegen alles Literarische, unterbrach seine Geschichten, zerstückelte sie. Keine Chronologie, keine Biographie, kein Anfang, kein Höhepunkt, kein Finale, war mehr möglich. Was am Ende eines durchgezappten Abends blieb, war eine Collage aus allem und jedem in den Köpfen der Betrachter. Turrini stand, wie er in sein Tagebuch schrieb, »reumütig vor seiner verlassenen Geliebten Theater und flehte um Gnade«. Im Theater sind ihm die Zuschauer für die Dauer von zwei Stunden ausgeliefert, hier kann er die ganze, unzerteilte Geschichte erzählen, mit einem genauen und geduldigen Blick die Menschen schildern, einem Blick, der in den Medien zur Momentaufnahme, zum Blitzlicht, verkommen ist.

Natürlich ist die Theaterwelt von der Fernsehwelt nicht zu trennen, die Theaterzuschauer tragen die Medienwelt in sich, in diesem Sinne veränderten sich auch die Figuren in Turrinis Stücken: Die Medienwelt war in ihre Sprachwelt eingedrungen, das Eigentliche und das Fremde waren nicht mehr voneinander zu trennen, Maske und Gesicht wuchsen ineinander. In dem Stück »Die Bürger« reden die Protagonisten Kluges am Tage, Zusammengelesenes und Gehörtes, und flennen vor Hilflosigkeit in der Nacht. In »Schlacht um Wien« diskutieren und interpretieren sie ihre Existenz, ihren Beruf und ihre Ehen, und sind doch auf dem Weg, ein Asylantenheim anzuzünden. In »Die Minderleister« wird die Bedrohung, demnächst den eigenen Arbeitsplatz zu verlieren, durch die Flucht in den Kommerz und Konsum gebannt. In dem Stück »Ich liebe dieses Land« versuchen sich eine polnische Putzfrau und ein nigerianischer Schubhäftling durch die groteske Nachahmung deutscher Tugenden zu integrieren.

Die Figuren in Turrinis neueren Stücken sind zusammengesetzte Wesen aus Sprache und Selbstbetrug. Turrini hat Horváth konsequent weitergedacht, seine Figuren geben nicht nur die Sprachhülsen, die sie von der Welt genommen haben, wieder, sie konstruieren aus diesen ihre ureigenste Überzeugung, ihre nachhaltige persönliche Meinung. Niemals hinterfragen sie diese Konstruktion, sie geben sie in immer neuen Varianten von sich. Erst wenn sie von den Worten und Sätzen nicht mehr gehalten werden, wenn Schweigen und Stille ausbrechen, zeigt sich der wahre Kern der Figuren und der lautet: Sehnsucht. Die Sehnsucht nach dem anderen Leben, die Sehnsucht nach einem anderen Menschen.

Turrini ist kein Alpen-Beckett, seine Dramen sind keine hermetischen Gebilde, keine Untergangsarien, keine Variationen ewiger Hoffnungslosigkeit. Für einen Moment, manchmal nur für einen Augenblick, sind seine Figuren der Erfüllung ihrer Sehnsucht nahe, und dies gilt für alle seine Stücke: Wenn die beiden jungen Menschen in »Rozznjogd« kein Wort mehr von sich geben, beginnt ihr eigentliches Kennenlernen. Wenn die Alkoholikerin Magda Schneider in »Tod und Teufel« endlich einen Menschen, einen Pfarrer findet, der ihr Gebrabbel ernst nimmt, sieht sie einen Heiligen vor sich. Wenn in »Die Liebe in Madagaskar« ein alter Kinobesitzer die Lügen einer Versicherungsangestellten glaubt und ihr eine Hauptrolle in einem Film – den er gar nicht dreht – anbietet, bricht sie schluchzend zusammen. Wenn sich, wie in »Alpenglühen«, alles als gelogen herausstellt, ist der Augenblick der Wahrheit nahe. In diesem Moment sind den Figuren die Masken, die Lebenslügen abhanden gekommen. Sie stehen sich – für einen Augenblick – unverstellt gegenüber, sie sehen, was wirklich ist. Immer sind sie gescheitert, oft stecken sie schon Jahrzehnte in ihrem verpfuschten Leben, nie haben sie es geschafft, das zu werden, was sie hätten werden wollen oder hätten werden können. Das Leben hält für sie nichts mehr bereit, außer der Wiederholung des Immergleichen. Sie stehen vor einem Trümmerhaufen, über den sie nur noch mit Selbsttäuschung hinwegschauen können.

Wo andere Geschichten enden, beginnen Turrinis Stücke: in der Aussichtslosigkeit. »Still und finster, wie immer«, sagt der Blinde am Anfang von »Alpenglühen«. »Ich zähle jetzt bis tausend und bringe mich um«, erklärt der Mann in »Endlich Schluß« und hält sich eine Pistole an die Schläfe. »Ich bin ein phantasieloser Mensch und bewege mich nicht gerne«, ist der erste Satz des alten Kinobesitzers Pepi Ritter in »Die Liebe in Madagaskar«. Das einzige, was in seinem Leben noch eintreffen kann, sind Mahnungen, Zahlungsaufforderungen und die baldige Schließung seines heruntergekommenen Kinos. Turrinis Figuren sind schon zu Beginn des Stückes am Ende.

Mit fortlaufender Dauer des Theaterabends nehmen die Lügen zu, die Figuren phantasieren sich zunehmend in einen Wahn. Obwohl der real existierende Kommunismus – in der Neufassung von »Josef und Maria« – gerade untergeht, hält Josef die Sowjetunion zwar für verloren, aber noch stünde eine Milliarde Chinesen hinter ihm. Pepi Ritter verläßt sein Kino nicht mehr, schläft auf einer Liege im Vorführraum und träumt sich nach Cannes, um im Auftrag seines vermeintlichen Freundes Klaus Kinski mit lateinamerikanischen Geldgebern über ein neues Filmprojekt zu verhandeln. Obwohl die ehemalige Billa-Kassiererin Magda Schneider vor Schnapstrunkenheit kaum mehr reden kann, läßt sie ihre mögliche Verwandtschaft mit Romy Schneider durchblicken. Alles ist Theater, nichts ist wahr, die Lügen mehren und mehren sich, und doch läuft alles auf einen Moment der Wahrheit hinaus. Wenn dieser eintritt, sprachlos, stammelnd, leise bekennend, still, tritt der Wahn zurück und die ganze Erbärmlichkeit hervor. In diesem Moment sind Turrinis Figuren am lächerlichsten und am schönsten.

Turrini hat lange mit dem Etikett des realistischen Stückeschreibers gelebt und ist wohl nie einer gewesen. Waren es in den ersten Jahren die Ausgrabungen von Geschichten, die Auffindungen von Biographien, die seinen theatralischen Fieberkopf zum Glühen brachten, so waren es in den späteren Jahren die Erfindungen, die Lügen, die Selbsttäuschungen der Menschen, die ihn faszinierten. Er erfindet Unwirklichkeiten, um der Wirklichkeit des Menschen, seinem Kern, nahezukommen. Er lügt mit seinen Figuren, häuft Schminke auf sie, bis diese herunterrinnt und die Menschen ungeschminkt voreinander stehen. Erst wenn alles Täuschung, Theater ist, beginnt das wirkliche Leben.

In dem Stück »Die Eröffnung« sind bei Turrini das Leben und das Theater endgültig an einem gemeinsamen Punkt angelangt, ist die Theatralisierung der Wirklichkeit abgeschlossen. Thema des Stückes ist das Theater selbst; die Bühne, die Requisiten, der ganze Theaterzauber, alles wird zum Mittel des Erzählens: Der Himmel ist der Schnürboden, die Klappe im Bühnenboden das Tor zur Hölle, der Tod ein Bühnentrick. Turrini erzählt die Geschichte eines Mannes, der unbedingt ans Theater will, weil er glaubt, nur dort überleben zu können. Alles, was außerhalb des Theaters stattfindet, ist bedrohlich, ungeprobt, lebensgefährlich. Der Mann fleht um Aufnahme in die schützende Dunkelheit des Theaters, »wo jeder Mord nach Plan, jede Liebe nach einem festen Text funktioniert, jeder falsche Schritt vom Regisseur korrigiert wird, die Souffleuse jede Textabweichung sofort aufzeigt, wo also alles seine Ordnung hat«; im wirklichen Leben herrsche nur das sinnlose Chaos, die Katastrophe des Daseins. Dieser Schauspieler wird, je katastrophaler sein Privatleben verläuft, immer erfolgreicher. Er reißt sich das Herz aus seiner Brust und schenkt es dem Publikum. Und das Publikum dankt ihm dieses Geschenk mit großer Verehrung. Nun tanzt er jeden Abend über dem Loch in seiner Brust, wie ein Verrückter, doch das Loch schließt und schließt sich nicht. Die Zuschauer zeigen auf ihn und lachen: »Je mehr ich schrie, desto lauter lachten sie. Ich wurde ein beliebter Volksschauspieler.«

Die menschliche Tragödie als Bühnenspiel, als Komödie. Es ist auffallend, daß Turrini in den letzten Jahren vermehrt die Kunst und das Theater selbst zum Inhalt seiner Stücke gemacht hat. Das Schauspiel »Mein Nestroy« erzählt von der krisengeschüttelten Liebes- und Arbeitsbeziehung der beiden Theatermenschen Marie Weiler und Johann Nepomuk Nestroy in den Wochen rund um die Uraufführung des »Lumpazivagabundus«. Es berichtet von den Schreibqualen des Theaterdichters Nestroy und dem Anteil Marie Weilers an seinem Werk. Vor allem aber erzählt es von der zerrissenen Künstlerseele Johann Nepomuk Nestroys, dem bejubelten Possenreißer in der Wiener Vorstadt, der sich selbst als Tragöde am Burgtheater sieht.

Das Stück »Da Ponte in Santa Fe« ist das Drama eines Berühmten, der noch zu seinen Lebzeiten in Vergessenheit gerät, der aber das Verschwinden seines Namens und die Schmähung seiner Arbeit, seinen Anteil an den immer erfolgreicher werdenden Opern Mozarts, nicht hinnehmen will. Beide historische Figuren dienen Turrini als Exempel für sein großes Thema: die Frage nach der Identität, nach Sein und Schein, nach den Bildern, die wir von uns selbst haben und die sich die Welt von uns macht.

In »Bei Einbruch der Dunkelheit« ist es der fünfzehnjährige Sohn eines Schmieds, der angesichts der dörflichen Welt, die ihn umgibt und in die er nicht hineinpaßt, heimlich Gedichte schreibt. Er sehnt sich nach der Welt der Kunst, nach dem Leben als Künstler, und eines Nachmittags, am 21. September 1959, an dem dieses Stück spielt, ist er der Einlösung seiner Sehnsucht einen Schritt näher. Er wird auf das Herrenhaus des ortsansässigen Komponisten eingeladen, der junge, talentierte Künstler um sich versammelt hat. Er muß dort mit Schrecken feststellen, daß es in der Welt der Kunst nicht um Schönheit, sondern Verrat, nicht um Verwirklichung, sondern um Neid, nicht um den Ausdruck von Gefühlen, sondern um die bessere Formulierung, und nicht um interessante Gespräche, sondern um gegenseitige Zerstörung geht, die nur von kunstsinniger Konversation zusammengehalten und kaschiert wird.

Die biographische Revue »C'est la vie« setzt sich aus verschiedensten Textsorten aus dem Leben des Theaterdichters Turrini zusammen, aus Texten, Gedichten, Tagebuchstellen, Briefauszügen, Passagen aus Gesprächen. Untertitelt ist dieses neueste Stück von Peter Turrini mit dem Begriff »Ein Lebens-Lauf«. Ein Begriff, der durchaus mehrdeutig ist, denn es ist nicht nur der Lauf eines Lebens mit all seinen Höhen und Tiefen, es ist vor allem die Geschwindigkeit, der Höllenritt eines Künstlers zwischen Triumph und Niederlage, Euphorie und Depression, Demütigung und Glückseligkeit. »C'est la vie« setzt sich nicht nur aus Versatzstücken der Biographie von Peter Turrini zusammen, es ist vielmehr eine weitere, wahrscheinlich die schmerzhafteste Parabel auf ein Künstlerleben, die Turrini je geschrieben hat. Aber verfallen Sie nicht in den Irrtum, dem Dichter Peter Turrini alles über den Dichter Peter Turrini zu glauben. Seine Sätze sind nicht immer ganz wahr, mitunter übertrieben, oftmals dramatisch, aber eines sind sie ganz gewiß: Sie sind immer wahrhaftig!

Zu den Bildern

Moritz Schell hat die Fotos dieses Buches zwischen April und
Juli 2014 in Kleinriedenthal sowie in der näheren und weiteren
Umgebung aufgenommen.

Familie und Freunde